MEIN ABSCHLUSS-BUCH

MEIN ABSCHLUSS-BUCH

Hubertus Scheurer

Lyrik

Bibliografische Information der Deutschen Nationalbibliothek:
Die Deutsche Nationalbibliothek verzeichnet diese Publikation
in der Deutschen Nationalbibliografie; detaillierte bibliografische
Daten sind im Internet über http://dnb.dnb.de abrufbar.

Informationen über: www.hubertus-scheurer.de

© 2015 Hubertus Scheurer
Satz, Herstellung und Verlag:
BoD – Books on Demand

ISBN: 978-3-7386-8927-3

Mein Abschluss-Buch
Ein rotes Tuch,
Für manchen immerhin,
Und auch das macht Sinn.

Inhaltsverzeichnis

Jung in der Erinnerung	11
Ängste	12
Der Mann im Spiegel	13
Kleiner Liebling	14
Zum kleinen Liebling	15
Der kleine Kackadu	16
Judith und Micha	16
Die kleine Süße	17
Heike Schaufuß	18
Paul und Paula	19
Leib ganz und gar	20
Ein eigenes Gedicht	21
Kontrakproduktiv	21
Herzlich sei die Runde	22
Die Rücksichtnahme	23
Ein echter Mann	23
Die Todesfalle	24
Zur Todesstrafe	24
Zwei persische Verbrecher	25
E.ON Energie-Saustall	27
Rechtskondom zu Hottentotten	28
Ein Traumverbot	29
Mensch und Affe	30
Falsche Zöpfe	30
Die Umweltschädigung	31
Richterin läßt Penis messen	32
Udel ohne Nudel	33
Steuersünder plätten	34

Die Ausfuhrsteuer	*35*
Bräse wie Käse	*36*
Die Fahrtenbuchkontrolle	*36*
Zwei Gläser und ein Präser	*37*
Aus der Traum	*37*
Gedichte als Straftat	*38*
Mundtot machen	*39*
Die Redefreiheit	*40*
Der Rechtsbehelfsstaat	*41*
Schmidtchen-Schmaucher	*42*
Der Hundeschwanz	*43*
Penis und Rose	*44*
Blase, Nase leer und voll	*44*
Der Philosoph	*45*
Mehr als nichts	*45*
Verschiedenes in Kurzfassung	*46*
Zum Erhalt/ Finanzbetrugsamt/ Der Sinn?	*46*
Alles recht machen/ Kaum Wissen/ Freude und Sinn	*47*
Ihr wahres Gesicht/ Ohne Hut/ Lecker	*48*
Selbstgespräch beim Wandern/ Zur Freude/	
Der sterbende Schwan	*49*
Todesstrafe?/ Unsere Lebenszeit/ Besser allein	*50*
Letztes Ziel/ Who is who?/ Maße	*51*
Wie die Primeln/ Nichts geblieben/ Wie nett	*52*
Mein Humor/ Weite Ferne/ Zeitlich weiter	*53*
Laß Dir sagen/ Wackelkopf/ Von Bedeutung	*54*
Vergeßlichkeit/ Keine Zukunft/ Kein Meinungsstreit	*55*
Sich festhalten/ Das Denunziantenpack/ Kühler Kopf	*56*
Die passende Frau/ Besser vergessen/ Keiner liest es	*57*
Zeit und Wunden/ Stetes Ungemach/ Für alle Kasten	*58*
Nicht ganz dicht/ Dumme Sachen/ Kleiner Dichter	*59*

Zum Nachdenken/ Eine Liebeserklärung/ Ziel erreicht	60
Der Beweis	61
Lord Kack zeigt Flagge	61
General von Kackarsch	62
Das Grand-Block-Hotel	62
Der Kack-Spezialist	63
Würste für Senatoren	64
Hamburgs größtes Puffhotel	65
Puff-Hotel im Wechselspiel	65
Rechtskondom als Hinternwischer	66
Anwaltsehre	67
Das rechte Licht	68
Alfred K. mit dem Vibrator	69
Der Restauranttester	70
K. & Co.	71
Ehre wem Ehre gebührt	72
Schein und Sein	73
Der unverehrbare Kack	74
Verleumdung und Ehre	75
Gerhard Löwenthal	76
Mit ins Grab	77
Der sterbende Schwan	77
Kein Leben im Dunkeln	78
Abschluß	79

Jung in der Erinnerung

Ich leb in der Erinnerung,
In der Vergangenheit,
Und plötzlich bin ich wieder jung,
In der verflossnen Zeit.

Der Vater, den so lieb ich hab,
Er hält mich an der Hand,
Wir stehn an meiner Mutter Grab,
Ich hab sie kaum gekannt.

Zehn Jahre Schule, manch ein Tag
Kommt wieder in den Sinn,
Auch Freizeit, die ich lieber mag,
Jetzt geh ich noch mal hin.

Der Vater stirbt, ich bin dabei,
Drei Jahre Schule mehr,
Mit Zwang, ich fühl mich kaum noch frei,
Nun ruft das Militär.

Mit zwanzig bin ich Offizier,
Die große Liebe kam,
Die fortan, und ich schließe hier,
Mich in Besitz ganz nahm.

Mein Buch beschreibt den Werdegang,
Es heißt: »Du lebst in mir«,
Les ich, geh ich den Weg entlang
Gleich Hand in Hand mit ihr.

Ängste

Oft sind es Ängste, die uns begleiten,
Wenn wir den Lebensweg durchschreiten,
Prüfungsängste, daß wir versagen,
Und solche auch vor Mühsal und Plagen.

Das größte Leid jedoch gebieren
Ängste, daß Menschen wir verlieren,
Die unsrem Herzen nahestehen
Und wir dann nie mehr wiedersehen.

Liegt dies in den vergangenen Zeiten,
Kann Angstgefühle es bereiten,
Wenn Ängste, die längst überwunden,
Werden noch einmal nachempfunden.

Der Mann im Spiegel

Da stehe ich und schau mich an,
Im Spiegel, wurd ein alter Mann,
War grad ein junger Mann, ein Kind,
Wie doch die Zeit so schnell verrinnt.

Was damals war, gibt es nicht mehr,
Mir scheint, als ob es heute wär,
Denn plötzlich bin ich wieder jung,
Im Raume der Erinnerung.

Doch dann schaut aus dem Spiegel an
Mich dieser altgewordne Mann,
Und sogleich kommt mir in den Sinn,
Daß ich der Alte selber bin.

Kleiner Liebling

*Mein kleiner Liebling, weine nicht,
Du mußt nicht traurig sein,
Wisch Dir die Tränen vom Gesicht,
Du bist doch nicht allein.*

*Was immer auch geschehen ist,
Glaub mir, ich steh Dir bei,
Und wenn den Kummer Du vergißt,
Kommt Freude für uns zwei.*

*Dein Lächeln bringt mir neues Glück,
Schaust Du mich freundlich an,
Geb ich Dir dafür gern zurück,
So viel ich irgend kann.*

Zum kleinen Liebling

Ein Bildnis, kleiner Liebling, Du,
Für mich bist Du in Wirklichkeit,
Wenn ich Dich seh, komm ich zur Ruh,
Verkörperst unsres Lebens Leid.

Kehr ich in unsre Wohnung ein,
Sagt mir Dein Blick, da bist Du ja,
Ich weine, denn ich war allein,
Nun bist Du endlich wieder da.

So zieht es mich nach Hause hin,
Ich weiß, Du wartest schon auf mich,
Der Heimweg bekam wieder Sinn,
Mein kleiner Liebling, nur durch Dich.

Der kleine Kackadu

Mamadu, ich muß,
Papadu, ich muß,
Rief der Kleine voll Verdruß
Bei der Fahrt im Autobus.

Drauf der Vater: Gib nur Ruh,
Du mein kleiner Kackadu,
Halte dicht, auf alle Fälle,
Bis zur nächsten Haltestelle.

Danach kamen sie zur Ruh,
Mamadu, Papadu
Und der kleine Kackadu.

Judith und Micha

Schaut Euch mal die Judith an,
Wie wunderschön sie lächeln kann,
Gleich der Sonne strahlend Licht,
Das durch dunkle Wolken bricht.

Sie macht unser Leben bunter,
Auch der Micha wird ganz munter,
Wenn er mit der Judith spricht,
Dann verklärt sich sein Gesicht.

Die kleine Süße

Ich schrieb von der kleinen Süßen,[*]
Kann sie bald nicht mehr begrüßen,
Denn sie wechselt den Standort,
Leider muß sie von hier fort.

Auf ihr Lächeln konnt ich zählen,
Ja, ihr Anblick wird mir fehlen,
Und sie hatte für mich dort
Auch noch stets ein nettes Wort.

Ich wünschte, sie würd nicht gehen,
Möcht sie weiterhin gern sehen,
Sag ihr nun von Herzen Dank
Und alles Gute lebenslang.

---

[*] Sh.: »Weiter auf der Hühnerleiter«, S. 38, »Für Jolanda«.

Heike Schaufuß

Es klingelte, ich ging zur Tür,
Und schau nur, wer da vor mir stand,
Ich hatte Gutes im Gespür,
Eine Frau, noch unbekannt.

An meinem Hause das Plakat
Für Freiheit, gegen Rechtswillkür,
Sah sie als lobenswerte Tat,
Und deshalb kam sie nun zu mir.

Sie hörte meinen Lebenslauf,
Erhielt dann Bücher als Geschenk,
Verließ mich wohlgelaunt darauf,
Ich freu mich, wenn ich an sie denk.

Paul und Paula

*Nun, das Leben, es ging weiter,
Paula ist nicht mehr so heiter,
Denn es wuchsen die Beschwerden
Für sie mit dem Älterwerden.*

*Keine Mühe wollt man scheuen,
Um die Paula zu erfreuen,
Neuen Lebensmut ihr bringen,
Sollt dem kleinen Paul gelingen.*

*Er gibt Paula das Geleite,
Weicht nicht mehr von ihrer Seite,
Doch der Paul, er ist mitunter
Unsrer Paula viel zu munter.*

*Wenn sie möchte schlafen gehen,
Kann es Paul noch nicht verstehen,
Gleich, wie sie sich unterscheiden,
Unzertrennlich sind die beiden.*

Leib ganz und gar

Leib, der bin ich ganz und gar,
Schrieb ein wirklich kluger Mann[*],
Was ich meinerseits, fürwahr,
Nachfolgend begründen kann:

Ohne Körper auch kein Geist,
Der aus ihm heraus entsteht,
Uns den Weg durchs Leben weist
Und mit ihm zugrunde geht.

Unser Wille wird gespeist
Durch den Körper, wie der Geist,
Das Gefühl für Freud und Leid
Hält der Leib für uns bereit.

Auch die Seele fügt sich ein,
Kann im Körper nur gedeihn;
Ich denk, hiermit wurde klar,
Leib, der sind wir ganz und gar.

---

[*] Friedrich Wilhelm Nietzsche

Ein eigenes Gedicht

Im einsamen Ich
Kannst spiegeln Du Dich
In eignen Gedichten,
Die Dein Leben sichten.

Und darin die Welt,
Wie sie sich Dir stellt,
Was Du hast bekommen,
Was Dir wurd genommen.

Ein eignes Gedicht,
Ganz einfach und schlicht,
Es selber zu machen,
Kann Freude entfachen.

Kontraproduktiv

Eine Meinung kontrovers
Im Gedicht, in einem Vers,
Wirkt im geistgen Gleichheitsmief
Eher kontraproduktiv.

Friede, Freude, Eierkuchen
Für die geistigen Eunuchen,
So stellt man die Weichen,
Um sie zu erreichen.

Herzlich sei die Runde

*Freunde, herzlich sei die Runde,
Speise, Wein im Überfluß,
Was in dieser Feierstunde
Sollt bereiten uns Verdruß?*

*Muß uns ernster Sinn begleiten,
Weil der Freude Glück vergeht,
Dieser Tisch, voll Herrlichkeiten,
Bald mit uns im Nichts verweht?*

*Laßt uns diese Welt erleben,
Ändern können wir sie nicht,
Und wenn wir nach Frohsinn streben,
Straft uns dafür kein Gericht.*

*Unser Los, zum Hohn der Feste,
Gilt es tapfer zu bestehn,
Einzuladen neue Gäste,
Müßten wir mehr Zukunft sehn.*

Die Rücksichtnahme

Schlemihl sprach mit einer Dame,
Die verlangte Rücksichtnahme,
Weil er, was sich gar nicht schickte,
Tief in ihren Ausschnitt blickte.

Doch es ist die Vordersicht,
Die seinem Begehr entspricht;
Brüste sind zugleich die Quellen,
Die beim Trieb die Weichen stellen.

Und auf ihre Rückansicht
War der Schlemihl nicht erpicht;
Das bekannte er ganz offen,
Hat sie nicht noch mal getroffen.

Ein echter Mann

Schau ich den Kindern zu beim Spiel,
Hab meine Freude dran,
Sagt er, ich wäre pädophil,
Ein fehlgelenkter Mann.

Doch wenn er seine Frau betrügt,
Dann zeigt er damit an,
Weil ihm die eine nicht genügt.
Er ist ein echter Mann.

Die Todesfalle

Sie werden geboren und leben alle
Von nun an in der Todesfalle;
Dort gehn sie den Weg ohne Rast, ohne Ruh,
Bis die Falle schlägt irgendwann endgültig zu.

Das war's dann, das ist es gewesen,
Ihre Namen sind auf dem Grabstein zu lesen,
Solange bis dieser auch zerfällt,
Das ist der Lauf der Erdenwelt.

Zur Todesstrafe

Sie glauben an das ewige Leben,
Dies kann es nach dem Tod erst geben,
Der uns befreit aus unsrer Not,
Hier ist er doch ein Freund, der Tod.

Ja, er ist oftmals eine Gnade,
Für Schwerverbrecher viel zu schade,
Trotzdem glaubt mancher fest daran,
Daß man so hart nicht strafen kann.

Zwei persische Verbrecher

Am Nachmittag, ich ging spazieren,
Da sprachen sie mich freundlich an;*
Dem Schein nach mit guten Manieren,
Alter, um dreißig, die zwei Mann.

»Es war ein Buch, das Sie uns gaben,
Sie wollten uns damit erfreun,
Ob Sie noch eines für uns haben,
Sie sollen es auch nicht bereun.

Es würde uns besonders ehren,
Wenn Sie uns lesen etwas vor,
Uns Zutritt in Ihr Haus gewähren,
Dann wären wir beglückt, ganz Ohr.«

Drauf habe ich sie mitgenommen,
Ließ sie in meine Wohnung ein,
Die Bücher haben sie bekommen
Und hundert EURO obendrein,

Weil sie von ihrer Not mir klagten,
Sie hörten mehr als ein Gedicht,
Ich wollte nicht, daß sie verzagten,
Doch dankbar warn sie wirklich nicht.

Kaum hatten sie das Haus verlassen,
Da wurde es mir offenbar,
Ich konnte es nur schwerlich fassen,
Daß ich hereingefallen war.

So hatten sie ganz unverhohlen
Mir meine Brieftasche geleert,
Zudem jedoch auch noch gestohlen,
Was unersetzbar ist im Wert.

Das Medaillon vor ihrem Bilde,[**]
Und einen goldnen Ring dazu,
Da kenn ich wirklich keine Milde,
Sie störten auch der Toten Ruh.

Ich werde sie im Sinn behalten,
Die aus Persien hierher kamen,
Als Verbrecher, zwei eiskalten,
Mit mir unbekannten Namen.

---

*   Am 27.1.2014 in HH-Stellingen, Spannskamp 6.
** »Du lebst in mir«, Dein Medaillon, S. 52; Kein Grabstein, S. 120.

E.ON Energie-Saustall

E.ON ist als Lieferant
Von Strom allgemein bekannt,
Der aufgrund seiner Methoden
Verliert immer mehr an Boden.

Lief bei E.ON etwas schief,
Schickte man mir einen Brief,
Schrieb, für alle Machenschaften
Der Mieter hätte ich zu haften.

E.ON ist sich viel zu fein,
Um selbst tätig hier zu sein,
Das hieße doch Zeit verlieren,
Und man will nur abkassieren.

Mieter haben umgekehrt
Über E.ON sich beschwert,
Sodaß ich sie, drum gebeten,
Vor der E.ON hab vertreten.

E.ON seh, in jedem Fall,
Ich als Energie-Saustall,
Der künftig an andren Plätzen,
Nicht bei mir, sich soll vernetzen.

Rechtskondom zu Hottentotten

Ein Rechtsanwalt erschien mir heute,
Vom Jenseits her, was mich erfreute;
Er sprach: Ich kann es nicht verstehen,
Was ist mit der Kanzlei geschehen,
Die ich hab anständig verlassen,
Jetzt seh ich dort nur trübe Tassen,
Mit dem Leiter, nicht zu fassen;

Ein Rechtskondom mit den Marotten
Wär besser bei den Hottentotten;
Dort könnt er sich zusammenrotten
Und beim Tanz in Rechtsklamotten
Mit Gesang das Recht verspotten.

Ein Traumverbot

Der Rechtskondom, sehr hart gesotten,
Rief: Ich laß mich nicht verspotten;
Diesmal sah er richtig rot,
Forderte ein Traumverbot.

Und zwar per Gesetzbeschluß,
Der ihn wirksam schützen muß,
Sodaß rechtsbefreite Räume
Wärn verboten auch für Träume.

Er meint, daß im Bundestage
Sei zu klären diese Frage,
Wie den Rechtskondom wir kennen,
Wird er wieder sich verrennen.

Mensch und Affe

Ja, dem menschlichen Gestell
Fehlt zum Glück das Affenfell,
Denn sonst könnt man oft die beiden,
Affe, Mensch, kaum unterscheiden.

Wenn der Kopf, von außen her,
Unterscheidet sich nicht sehr,
Bleibt die Frage nach dem Hirn,
Gut versteckt, hinter der Stirn.

Da dürft der Mensch allgemein
Ganz gewiß im Vorteil sein,
Doch es gibt auch solche Laffen,
Wo im Vorteil sind die Affen.

Falsche Zöpfe

Was geht vor in ihren Köpfen,
Den Köpfen mit den falschen Zöpfen,
Wie können wir die andren schröpfen,
Es lenken hin zu unsren Töpfen.

So geht es zu in allen Ländern,
Und daran wird sich auch nichts ändern,
Sonst ließe es sich nicht vermeiden,
Die falschen Zöpfe abzuschneiden.

Die Umweltschädigung

Dreißig Jahre lebten wir
In unsrem Haus zufrieden,
Bis die neuen Nachbarn hier
Wurden uns beschieden.

Mit der Ruhe war's vorbei,
Rücksichtslose Meute,
Tag und Nacht Lärm und Geschrei
Hochgestellte Leute.

Sie Regierungsoberrat[*],
Er mit Doktorwürden,
Jedes Amt deckt ihre Tat,[**]
Da gibt's keine Hürden.

---

[*] bei der Umweltbehörde
[**] Sh.: »Frau Richterin« in »Nur noch für Dich«, Band I, S. 25

Richterin läßt Penis messen[*]

Einer deutschen Richterin,
Las ich, kam es in den Sinn,
Einen Penis zu vermessen,
Wollte sie ihn vielleicht essen?

Nein, es ging ihr nur ums Wissen,
Das sie keinesfalls wollt missen,
Wie lang dieses Ding
Aus der offnen Hose hing.

Wenn der Penis aber steht
Und es um die Länge geht,
Müßt sie, um im Bild zu bleiben,
Diesen erstmal tüchtig reiben.

Für sie ist es dann mitnichten
Leicht, den Penis aufzurichten,
Denn das ist, wie ich es seh,
Nun einmal nicht ihr Metier.

---

[*] Sh.: BILD vom 22.8.2014.

Udel ohne Nudel

Der Pudel rief, du dickes Ei,
Jetzt gibt es bei der Polizei
Immer häufiger den Udel,*
Der in der Hos' hat keine Nudel.

Das ist grad so als fehlten ganz
Bei den Hunden jetzt der Schwanz;
So muß ich fortan nun mein Denken
Wohl in neue Bahnen lenken,

Denn ohne Nudel ist gewiß
Fehl am Platze auch mein Biß,
Dafür werd ich mein Bein anwinkeln
Und ihm auf die Hose pinkeln.

---

*   Sh.: »Udel hinterm Pudel« in »Weiter auf der Hühnerleiter«.

Steuersünder plätten

*Den Billionenschuldenberg
Verwaltet unser Schäuble-Zwerg,
Und in jedem Jahr, bisher,
Wurden es Milliarden mehr.*

*So kann es nicht weitergehen,
Gab er nunmehr zu verstehen,
Und mit Gabriel, dem fetten,
Will er Steuersünder plätten.*

*Das jedoch wird niemals reichen,
Um die Schulden auszugleichen,
Da müßt wirtschaftlich er denken
Und die Staatsausgaben senken.*

*Der Verantwortung sich stellen,
Hieß, den Gabriel verprellen,
Denn der wird sich nicht bequemen,
Selber etwas abzunehmen.*

Die Ausfuhrsteuer

Auch dem Kauf, für unser Essen,
Wird Mehrwertsteuer zugemessen;
Kommt es heraus als Wurst und Brei,
War das bislang noch steuerfrei.

Um den Haushalt auszugleichen,
Wird das künftig nicht mehr reichen,
Deshalb soll nach dem Verzehr
Eine Ausfuhrsteuer her.

Zwang wird die geeichte Waage,
Die am Hinterteil man trage
Und genaustens registriert,
Was beim Stuhlgang man verliert.

Danach werden sich die Pflichten
Für die Steuerzahlung richten;
Ungerecht ist das auch nicht,
Denn es geht streng nach Gewicht.

Bräse wie Käse

Vom Finanzamt die Frau Bräse
Hat zwei Löcher in der Näse,
Und leitet daraus ab die These,
Sie sei bekannt wie Schweizer Käse.

Die Fahrtenbuchkontrolle

Es ist bekannt, daß mancher Mann
Noch nicht einmal bis drei zähln kann;
Frau Bräse hat es weit gebracht
Und schafft es beinah bis zur acht.

Sie gab mir dafür den Beweis
Durch Fahrtenbuchkontrolle preis,
Hat sieben Fahrten anerkannt,
Dann war es aus mit dem Verstand,

Sodaß die weiteren ich dann,
Aus diesem Grund, mir schenken kann.
Die Schuld, wie kann es anders sein,
Liegt bei dem Fahrtenbuch allein,
Denn was daraus sehr deutlich spricht,
Zählt für Frau Bräse einfach nicht.

Zwei Gläser und ein Präser

In ihr Zimmer kam Frau Bräse,
Sah mich, zog 'ne lange Näse,
Stellte auf den Tisch zwei Gläser
Und daneben einen Präser.

Angesichts nun dieser Wende,
Wird versöhnlich noch das Ende,
Sie will, nichts bleibt ausgenommen,
Künftig mir entgegenkommen.

Aus der Traum

Leider ging es anders weiter,
Frau Bräse wurde nicht gescheiter,
Sie packte voller Wut die Gläser
Und zerriß den armen Präser;

Ließ alles aus dem Fenster fliegen,
Schrie: Dich werd ich auch noch kriegen!
Ich wachte auf, welch eine Wende,
Der schöne Traum, er war zu Ende.

Gedichte als Straftat

Das Finanzamt war so frei,
Stellte bei der Polizei
Gegen mich den Strafantrag,
Weil ich ihm auf dem Magen lag.

Meine Straftat wärn Gedichte,
Die ich ans Finanzamt richte;
Geschädigt wurd dadurch Frau Bräse,
So im Strafantrag die These.

Folgt ein Strafbefehlsverfahren,
Da sei man sich nur im Klaren,
Wird davon, mitsamt Gedichten,
Dann die Presse gern berichten.

Mag auch das Finanzamt klagen,
Pressefreiheit untersagen,
Wird ihm sicher nicht gelingen,
Doch Frau Bräse Freude bringen.

Mundtot machen

Sieh nur, so weit sind wir jetzt
Oder auch schon wieder,
Dichtung, die das Recht verletzt,
Demnächst wohl auch Lieder.

Das Finanzamt war so frei,
Strafantrag zu stellen,
Weil es höchst verwerflich sei,
Sein Tun zu erhellen,

Mittels Lyrik, fehlt nur noch,
Daß die Bürger singen,
Lassen, frei von ihrem Joch,
Lieder nun erklingen.

Ist der Bürger nicht devot,
Hat er nichts zu lachen,
Dann sieht das Finanzamt rot,
Will ihn mundtot machen.

Die Redefreiheit

Staatsorgane hört gut her,
Was gleich folgt, stammt von Voltaire;
Liegt euch Redefreiheit fern,
Sagt er, um euch aufzuklärn:

„Mag von mir verdammt auch sein,
Das, was du hast vorzutragen,
Setz ich doch mein Leben ein,
Dafür, daß du es darfst sagen."

Voltaire wollt sein eignes Leben
Für die Redefreiheit geben,
Denn die Freiheit sie zerbricht,
Wenn das Schweigen wird zur Pflicht.

Der Rechtsbehelfsstaat

Das Behelfsheim seinerzeit,
Nach dem Krieg, Zerstörung, Leid,
War Gebot hier der Vernunft
Als eine Notunterkunft.

Beim Finanzamt hab ich's nun
Mit dem Rechtsbehelf zu tun,
Anscheinend nicht ganz normal,
Hat es keine andre Wahl.

So zeigt durchweg auch der Staat
Behelfsmäßig sein Format,
Der Rechtsstaat scheint mir oft sehr fern
Und Rechtsbehelfsstaat trifft den Kern.

Schmidtchen-Schmaucher

Ein Vorbild ist der Schmidtchen-Schmaucher
Als Zigarettenkettenraucher;
So raucht er morgens schon im Bette
Gleich die erste Zigarette.

Nach dem Aufstehn geht es weiter,
Die Zigarette sein Begleiter,
Da ist er seit fast hundert Jahren,
Vom Rauch umnebelt, gut gefahren.

Es heißt bei den Fernsehauftritten,
Die Zigarette, darf ich bitten,
Und jedermann kann miterleben,
Wie er genießt, vom Rauch umgeben.

Das Vorbild ist er für die Jugend,
Ein Mann der Ehre und der Tugend,
Da glaubt doch keiner mehr daran,
Daß Rauchen tödlich enden kann.

Der Hundeschwanz

»Der Hundeschwanz«, ein Aufsatzthema,
Ich schrieb nicht nach bewährtem Schema,
Wollt meinen Lehrer, Doktor Nissen,
Beeindrucken mit meinem Wissen.

Auch er hat schließlich einen Schwanz,
Versteckt ihn in der Hose ganz,
Dies macht den ersten Unterschied,
Zudem nennt man ihn auch das Glied.

Der Lehrer ist ein ernster Mann,
Der mit dem Schwanz nicht wedeln kann,
In diesem Punkt, so sieht es aus,
Da ist der Hund ihm weit voraus.

Dagegen kann Herr Doktor Nissen
Mit seinem Schwanz sogar weit pissen;
Beim Anblick solcher Fähigkeit
Erblaßt gleich jeder Hund vor Neid.

Es klingelt, und ich komm zum Ende,
Schön, wenn mein Aufsatz Anklang fände,
Für mich bleibt er von Relevanz,
Ein Leben lang, »Der Hundeschwanz«.

Penis und Rose

Viel besungen wird die Rose,
Nie der Penis in der Hose,
Der, wenn man ihn kräftig reibt,
Sich zur vollen Blüte treibt.

Steht beim Liebsten der in Blüte,
Geht ihm das sehr zu Gemüte,
Und er ruft dann, Gott behüte,
Der kommt mir in keine Tüte.

Blase, Nase leer und voll

Die Blase voll, die Nase leer,
Da fällt das Gehen ziemlich schwer,
Die Blase leer, die Nase voll,
Das ist auch ganz und gar nicht toll;
Die Nase voll, die Blase voll,
Das erfüllt mit tiefem Groll,
Die Nase leer, die Blase leer,
Ich bitte sehr, was will man mehr.

Der Philosoph

Bei dem Willy ist was los,
Fünfmal muß er aus der Hos',
Lebenslang, tagaus, tagein,
Einmal groß und viermal klein.

Willy meint, das ist entbehrlich,
Manchmal aber recht beschwerlich,
Doch kommt da nichts mehr heraus,
Ist es mit dem Leben aus.

Unser Willy ist nicht doof,
Nein, er ist ein Philosoph,
Was er hier sagt, leuchtet ein,
Ist mit ein Grund für unser Sein.

Mehr als nichts

Mehr als nichts macht immerhin
Dann zumindest etwas Sinn,
Wenn es sich als kleiner Rest
Zu etwas gebrauchen läßt.

Mehr als nichts, auch das steht fest,
Ist dann unerwünscht als Rest,
Wenn es den Betrachter stört,
Weil es dort nicht hingehört.

Verschiedenes in Kurzfassung

Zum Erhalt

*Ich denke und ich schreibe
Fortan nur noch für mich,
Damit erhalten bleibe
In mir das Ding an sich.*

Finanzbetrugsamt

*Finanzentzugsamt trifft den Kern,
Auch wenn man das hört nicht so gern,
Finanzbetrugsamt scheint stattdessen,
In manchen Fällen, angemessen.*

Der Sinn?

*Sie gingen dahin,
Du gehst hinterher,
Worin liegt der Sinn?
Die Antwort fällt schwer.*

Alles recht machen

Alles recht zu machen allen,
Geht nicht, würd auch nicht gefallen,
Daß Du Dir machst alles recht,
Funktioniert oft auch nur schlecht.

Kaum Wissen

Ich weiß, daß ich kaum was weiß,
Mir reicht es, immerhin,
Auch wenn er fehlt mir der Beweis
Für des Lebens Sinn.

Freude und Sinn

Wieder ging ein Tag dahin
Ohne Freude, ohne Sinn;
Beides hätte sie gegeben,
Wär sie Teil von seinem Leben.

Ihr wahres Gesicht

*Der Freude Quell
Versiegte schnell
Als sie zeigte ihr Gesicht,
Das wahre, da erlosch das Licht.*

Ohne Hut

*Was man nicht hat, und das ist gut,
Kann man auch nicht verlieren,
So sieht man mich stets ohne Hut
Durch Wald und Flur marschieren.*

Lecker

*Du kannst mich mal und Du mich auch,
So wird geschimpft nach altem Brauch,
Doch ich glaub kaum, daß sie das Lecken,
Was reizvoll wäre, mal vollstrecken.*

Selbstgespräch beim Wandern

*Ich sprech mit mir und setz beim Wandern
Einen Schritt stets vor den andern;
So hab ich gute Unterhaltung
Und bring den Körper zur Entfaltung.*

Zur Freude

*Unterhalte Dich mit Dir,
Bringe Dich dabei zum Lachen,
Eine Freude können wir
Uns damit so selber machen.*

Der sterbende Schwan

*Der lebende Wahn
Im sterbenden Schwan,
So ging's den Bach runter,
Dann tauchte er unter.*

Todesstrafe?

Unsre Zukunft ist der Tod,
Oft Erlöser aus der Not;
Kann er für ein Mörderschwein
Wirklich eine Strafe sein?
Wenn das Schwein schläft ruhig ein,
Unter Aufsicht, sag ich nein.

Unsere Lebenszeit

Ein Wechselspiel von Freud und Leid,
Das ist unsre Lebenszeit,
Dann kommt der Gevatter Hein
Und beendet unser Sein.

Besser allein

Statt in Ruhe hier zu sitzen,
Durch die Einkaufsstraßen flitzen,
Das wär mein Leben jetzt zu zwein,
Da bleibe besser ich allein.

Letztes Ziel

Ich bete zu mir, dem Körper: Gib Kraft,
Damit auch das letzte Ziel wird geschafft,
Entgegenzuwirken weiter dem Bösen
Und mich von meinem Besitz zu lösen.

Who is who?

Ich bin ich und Du bist Du,
Also frag nicht, who is who?
Denn wenn Du das nicht mehr weißt,
Hat verlassen Dich Dein Geist.

Maße

Wenn ich schreibe mit Gefühl,
Läßt mich schon mal das Versmaß kühl,
Doch Alkohol trink ich in Maßen,
Denn damit läßt sich gar nicht spaßen.

Wie die Primeln

*Sprich mit Dir und hör Dich sagen,
Jeder hat sein Leid zu tragen,
Irgendwann, ob groß, ob klein,
Gehn alle wie die Primeln ein.*

Nichts geblieben

*Solange wir sie lieben,
Leben wir in dieser Welt,
Somit ist mir nichts geblieben,
Was mich auf der Erde hält.*

Wie nett

*Oh wie nett, oh wie nett,
Gleich geh ich mit mir ins Bett,
Wünsch mir eine gute Nacht,
Bis ich aufstehn muß um acht.*

Mein Humor

Meinen Humor versteht einer,
Außer mir sonst nämlich keiner;
Den Vorteil hat das Nichtbegreifen,
Ich kann nunmehr darauf pfeifen.

Weite Ferne

Sie lag dort, und er lag hier,
Also direkt neben ihr,
Doch im Innern war die Ferne
Weit wie Sonne, Mond und Sterne.

Zeitlich weiter

Was Du schreibst, mein lieber Mann,
Kommt doch ohnehin nicht an;
Macht nichts, auf der Lebensleiter
Bringt's mich zeitlich ein Stück weiter.

Laß Dir sagen

Sprich mit Dir und laß Dir sagen,
Aufrechtstehn und nicht verzagen,
Weiter hilft Dir nicht das Klagen,
Liegt Dir höchstens auf dem Magen.

Wackelkopf

Irgendwie kann ich beim Gehen
Meinen Kopf nicht mehr verstehen,
Denn der wackelt hin und her
Und sagt mir, das Hirn ist leer.

Von Bedeutung

Fällt Dir nichts ein,
Ein Satz, ganz klein,
Er kann schon von Bedeutung sein,
Zum Beispiel: Wahrheit liegt im Wein.

Vergeßlichkeit

Irgendwas vergißt man immer,
Und im Alter wird das schlimmer,
Doch das Trinken und das Essen
Sollte man nicht ganz vergessen.

Keine Zukunft

Fortan werde ich mein Denken
Auf die Gegenwart beschränken,
Was mir die Zukunft bringt ist offen,
Läßt wenig Gutes noch erhoffen.

Kein Meinungsstreit

Hör gut zu, es ist soweit,
Ich brauch keinen Meinungsstreit,
Soll jeder seine Meinung haben,
Ich laß mit meiner mich begraben.

Sich festhalten

*Ich halte bis zum letzten Rest
Mich nur noch an mir selber fest,
Denn die, auf die ich mich verlassen,
Warn oftmals doch nur trübe Tassen.*

Das Denunziantenpack

*Das ganze Denunziantenpack
Stecke man in einen Sack;
Dort können sie sich echauffieren
Und gegenseitig denunzieren.*

Kühler Kopf

*Leute laßt euch nicht verschaukeln,
Sucht man euch was vorzugaukeln,
Müßt ihr stets den kühlen, klaren
Kopf und den Verstand bewahren.*

Die passende Frau

Frauen, die zu einem passen,
Gibt es auf der Welt in Massen,
Da mutet es befremdlich an,
Wie schwer man sie nur finden kann.

Besser vergessen

Was sollte dies, was sollte das,
Am Ende ist es leer, das Faß,
Und was Dir übel aufgesessen,
Das solltest besser Du vergessen.

Keiner liest es

Denk drüber nach, wer liest das schon,
Der Vater nicht und nicht der Sohn,
Die Mutter nicht, vielleicht die Oma,
Doch die kann's nicht, sie liegt im Koma.

Zeit und Wunden

Die Zeit heilt alte Wunden,
Fügt neue dann hinzu,
Ein Mensch, der oft geschunden,
Kommt selten nur zur Ruh.

Stetes Ungemach

Er ißt zuviel
Und denkt zuwenig nach,
Ein leichtes Spiel
Für stetes Ungemach.

Für alle Kasten

Ich schreib nicht nur für die Gelehrten,
Von meiner Seite sehr verehrten,
Sondern auch für jene Kasten,
Die sich geistig nicht belasten.

Nicht ganz dicht

Daß ich nicht ganz dicht bin,
Ist gewiß und macht auch Sinn;
Der Bauch kann nicht alles fassen,
Und ich muß auch Wasser lassen.

Dumme Sachen

Kannst Du damit Freude machen,
Sage auch mal dumme Sachen,
Dies aus einem guten Grund,
Weil das Lachen ist gesund.

Kleiner Dichter

Ein großer Dichter bin ich nicht,
Vielleicht jedoch ein kleiner;
Ein kleiner, tut er seine Pflicht,
Ist besser noch als keiner.

Zum Nachdenken

Ich dachte vor
Und möcht euch lenken,
Drum seid ganz Ohr,
Es nachzudenken.

Eine Liebeserklärung

Mein liebes kleines Mädchen,
Ein Schatz wie Goethes Gretchen,
Das er in seinem Faust beschrieb;
Es ist bei mir nicht nur der Trieb,
Ich hab Dich auch von Herzen lieb.

Ziel erreicht

Der Weg, er war nicht immer leicht,
Doch ich hab mein Ziel erreicht,
Aufrecht ging ich durch das Leben,
Kann den Löffel jetzt abgeben.

Der Beweis

Alfred meinte stolz, ich buk
Gestern fürs Hotel die Brote,
Darauf Hanswurst neunmalklug:
Gibt für deutsch 'ne schlechte Note.

Wieso das? Es heißt, ich backte,
Nun, Sie wollen den Beweis,
Eine Sprache, recht vertrackte,
Doch den geb ich gerne preis:

Bohlen sagt doch stets, ich kackte,
Und stattdessen nie, ich kuk,
Ebenso auch, daß er hackte,
Das ist wohl Beweis genug.

Lord Kack zeigt Flagge

Auf dem Grandhotel die Flagge
Zeigt nun auch noch Alfreds Kacke;
Ja, der Alfred, er ist eigen,
Was er hat, das will er zeigen,

Und er sagt ganz unverhohlen,
Da staunt selbst der Dieter Bohlen,
Doch ich schenk, als Mann von Adel,
Ihm die Kackwurstanstecknadel.

General von Kackarsch

Kackt Alfred Kack Dir ins Gesicht,
Dann urteilt weise das Gericht,
Daß diese Kacke eine Ehre,
Kein Anlaß zur Beschwerde wäre.

Kein Grund, daß man den Alfred tadelt,
Im Gegenteil, die Scheiße adelt,
Sodaß ich jetzt beim Militär
Herr General von Kackarsch wär.

Das Grand-Block-Hotel

Das Grand-Hotel, ein großer Block,
Von unten bis zum letzten Stock,
So ziert dort auch jede Etage
Ein Block mit Kopf der Kack-Visage.

Dies harmoniert mit dem Geschmack
Vom renommierten Alfred Kack,
Der, wenn im Hotel Gäste stöhnen,
Läßt seine Block-Flöte ertönen.

Der Kack-Spezialist

Seit Alfred Kack der Spezialist
In Hamburg für das Kacken ist,
Wird er in der Springer-Welt
Immer wieder dargestellt.

Einmal sitzend auf dem Klo
Lächelt er erleichtert froh,
Wenn er auf dem Titelblatt
Sein Geschäft vollendet hat.

Auch im Stehn ist er zu sehn,
Wie sich seine Backen blähn
Und er bis zum letzten Rest
Seine Würste fliegen läßt.

Auf der letzten Seite dann
Regt zum Zeitungskauf er an,
Indem ihm, beim schnellen Laufen,
Aus dem Hintern fällt ein Haufen.

Würste für Senatoren

*Wenn Senatoren Hunger kriegen,
Läßt Alfred Kack die Würste fliegen,
Zum Rathausmarkt vom Grandhotel,
Das geht vom Dach aus ziemlich schnell.*

*Dann sieht man Senatoren laufen,
Denn diese Wurst gibt's nicht zu kaufen,
Und jeder möcht von Alfreds Gaben
Nur zu gern einen Anteil haben.*

*Der Kack hat den Geschmack getroffen,
Die Rathaustüren stehn ihm offen,
Und kommt er zum Senatsempfang,
Ertönt sogleich ein Lobgesang.*

Hamburgs größtes Puffhotel

Unter Alfred Kack wuchs schnell
Hamburgs größtes Puffhotel,
Und wie er die Hürden meistert,
Hat er Springers Welt begeistert.

So schrieb sie von seinem Geist,
Der als heilig sich erweist,
Für die Zeitung zählt der Zweck,
Übern Dreck sieht man hinweg.

Doch es bleibt als Symbiose,
König Alfred, der Famose,
Trägt auf der Stirn ein Kreuz mit Rose
Und faule Eier in der Hose.

Puff-Hotel im Wechselspiel

Alfred Kack baute ad hoc
Das größte Puffhotel en bloc,
Das man in der Hansestadt
Hamburg je gesehen hat.

Hotel, Puff im Wechselspiel
Führte Alfred hin zum Ziel:
Nämlich eine Masse Geld,
Die ihn stets bei Laune hält.

Rechtskondom als Hinternwischer

*Für K. war's ein schlechtes Omen,
Denn mit seinen Rechtskondomen
Konnte es ihm nicht gelingen,
Mich vom Schreiben abzubringen.*

*Sie, auf ihren krummen Wegen,
Kamen mir da noch entgegen,
Um mich, auch dem Recht zu Ehren,
Der Verleumdung zu erwehren.*

*Rechtlich können sie dem alten
Kack nicht mehr die Stange halten,
Gleichwohl sollt die trüben Tassen
Er nicht gänzlich fallen lassen.*

*Deshalb könnten sie stattdessen,
Das wär für sie angemessen,
Alfred K. den nicht mehr frischen
Hintern täglich, gründlich wischen.*

Anwaltsehre

Wenn Alfred kackt, dann aber nur,
Wie er sagt, in Reinkultur;
So läßt er seinen nicht mehr frischen
Hintern jetzt vom Anwalt wischen.

Der wischt täglich unverzagt,
Hat deshalb auch nicht geklagt,
Denn es wäre eine Ehre,
Daß er so intim verkehre

Mit des Königs Hinterteil,
Welches duftet richtig geil,
Und so möchte er mitnichten
Auf dies Ritual verzichten.

Das rechte Licht

Dem Anwalt Schnurz, alias Schulz,*
Ging wieder mal ganz hoch der Puls,
Sodaß er nicht erst überlegt,
Stattdessen faule Eier legt.

Das liegt bei ihm in der Natur,
Er denkt dann nicht, er faselt nur;
Was hat ihn jetzt so stark erregt,
Daß er derart ins Zeug sich legt?

Es war auch diesmal ein Gedicht,
Das auf ihn warf das rechte Licht;
Macht sichtbar sein wahres Gesicht,
Kann man verstehn, das mag er nicht.

---

* Sh.: »Der Brief von Schnurz« in »Nur noch für Dich« Band I, S. 39.

Alfred K. mit dem Vibrator

*Alfred sprach: Wie soll das werden,
Ständig hab ich Darmbeschwerden,
Verdammt noch mal und zugenäht,
Seht nur, wie mein Bauch sich bläht.*

*Doch da kam ihm die Idee,
Wegweisend wie eh und je,
Er steckte sich als Regulator
Hinten rein einen Vibrator.*

*Als er den in Gang gesetzt,
Ist sein Hanswurst weggewetzt,
Und den weiteren Verlauf
Zeichne besser ich nicht auf.*

Der Restauranttester

Heut servierte Alfred Kack
Speisen selbst im dunklen Frack,
Denn ein Tester von den Speisen
Sollt dem Haus die Ehr erweisen.

Demgemäß fiel Alfred ein,
Muß das Mahl einmalig sein,
Statt der altbewährten Knödel
Gab es selbstgemachte Ködel.

Die kannte der Tester nicht,
Es verzog sich sein Gesicht,
Und mit fürchterlichem Fluchen
Sah man ihn das Weite suchen.

K. & Co.

Mit Kack und Co. laß Dich nicht ein,
Denn sonst machst Du Dich gemein;
Alfreds Co. wischt dessen Po,
Stets beflissen auf dem Klo.

Co. als Anwalt für den Kot,
Verdient so sein täglich Brot,
Und der Duft vom Kackgemisch
Hält bei Laune ihn und frisch.

Wer die Kacke riecht nicht gern,
Bleibt dem Co. doch besser fern,
Denn ein Mann, der selber stinkt,
Freut sich, wenn er andre linkt.

Ehre wem Ehre gebührt

Es läuft sicher was verkehrt,
Wenn man in der Hansestadt
Den Lord Kack im Rathaus ehrt,
Weil er Macht und Einfluß hat.

Ein Verleumder, wie Lord Kack,
Sollt wandern als Ehrengast,
Mit Zylinder und im Frack,
Ein paar Tage in den Knast.

Das würd gut für Hamburg sein,
Wenn dies zu der Haltung führt,
Gilt als Grundsatz allgemein,
Ehre nur, wem sie gebührt.

Schein und Sein

Weil sie die große Freiheit hat,
Ist sie berühmt als Hurenstadt,
Die durchs Puff-Hotel ergänzt,
Von Alfred Kack, besonders glänzt.

Von Hamburgs Politik die Lenker
Sind wahrlich keine großen Denker,
So sieht man auf den Rathausspitzen
Teils recht senile Toren sitzen,

Die mit Alfred K. im Bund,
Und marodem Zeitungsschund,
Sich verleihen selbst den Schein,
Etwas Besseres zu sein.

Der unverehrbare Kack

*Ich habe abgeschlossen
Mit Kack und den Genossen,
Die schändlich, unverdrossen,
Auf meine Ehr' geschossen.*

*Verleumder, Ehrabschneider
Genießen Achtung, leider,
Doch jeder kann nun lesen
Von ihrem wahren Wesen.*

*Der Kampf um meine Ehre
Verlief so nicht ins Leere,
Und die mit K. verkehren,
Sollten ihn nicht verehren.*

Verleumdung und Ehre

*Es heißt, die Verleumdung wäre
Stets ein Angriff auf die Ehre;
Öffentliches Widerlegen
Wirkt dem Rufmord dann entgegen.*

*Die Verleumder sollt man kennen,
Deshalb sie beim Namen nennen,
Insbesondre bei Gestalten,
Die im Lande Macht entfalten.*

*Auch die Richter würden schlauer,
Lesen sie bei Schopenhauer,[*]
Was gerade vorgetragen
Und dem Recht sich nicht versagen.*

*Könnten Einsicht nun bezeugen,
Sich vorm Unrecht nicht mehr beugen,
Eine letzte Chance sich geben
Und das Buchverbot aufheben.*

---

[*] Sh.: A. Schopenhauer »Aphorismen zur Lebensweisheit«.

Gerhard Löwenthal[*]

Einen Namen wolln wir nennen,
Den heut nicht mehr viele kennen,
Gerhard Löwenthal, ein Mann,
Auf den das Fernsehn stolz sein kann.

Redakteur ist er gewesen,
Meister im Levitenlesen,
Der dem ZDF gab viel:
Ein politisches Profil.

Sein Kampf galt der Todesmauer
Kommunistischer Erbauer;
Durch ihn wurden seinerzeit
Eingekerkerte befreit.

Die Gerd Knesel damals schmähten,
Seine Liedtexte verdrehten,
Hat im Fernsehn er benannt,
Machte Knesel dort bekannt.

Der ihm dankbar war verbunden
Bis zu seinen letzten Stunden;
Deutschlands Dank wurd ihm derweil,
Nun vereint, noch nicht zuteil.

---

[*] ZDF-Redakteuer von 1968–1987; 1978: Mitbegründer der Hilfsorganisation »Hilferufe von Drüben«.

Mit ins Grab

Gedanken, die ich jetzt noch hab,
Nehm ich besser mit ins Grab,
Wer auch wollte sie wohl hören,
Könnten nur die Ruhe stören.

Wenn ich um des Lebens Sinn
Mein Netz der Gedanken spinn,
Möcht ich niemanden vergrämen,
Nicht die Lebensfreude nehmen.

Der sterbende Schwan

Einst zog stolz er wie ein Schwan
In dem Schwimmbad seine Bahn,
Das ist eine Weile her,
Wie ein Schwan schwimmt er nicht mehr.

Eher sterbend wie ein Schwan
Zieht er heute seine Bahn,
Und die Zeit scheint nicht mehr lang,
Bis zu seinem Untergang.

Kein Leben im Dunkeln

*Da es hinter meiner Stirn
Langsam dunkelt im Gehirn,
Könnte es im weitren Leben
Dunkelheit bald ganz umgeben.*

*Dann ist Schluß mit meinem Denken,
Das mich sinnvoll schien zu lenken
Und ein wenig Freude machte,
Wenn ich was zustande brachte.*

*Ohne dies, im Dunkeln leben,
Darin liegt nicht mein Bestreben,
Besser wär ein rasches Ende,
Wenn ich es dann für mich fände.*

Abschluß

Mitverantwortliches Sein,
Dafür setzte ich mich ein,
War die Richtschnur meines Lebens,
Leider aber wohl vergebens.

Deshalb macht es wenig Sinn,
Wenn ich weiter tätig bin,
Die verbrecherischen Horden
Werden weltweit weiter morden.

Selbst der deutsche Bundesstaat
Zeigt im Grunde kein Format,
Wo im Land die Staatsgewalten
Unterdrücken, Macht entfalten,

Da verliert sich im Geschwätz
Schnell die Kraft vom Grundgesetz,
Menschenwürde stets zu achten,
Kann als Wunschtraum man betrachten.

Erlebnisse im Hotel mit König Alfred und seinem Hanswurst unter Berücksichtigung der Zensur durch das Landgericht Hamburg. Der Kampf eines Bürgers gegen ein Unternehmen mit faschistoiden Verhaltensweisen. Band I–X
Band I: ISBN 978-3-8334-7985-4

König Alfred und sein Hanswurst
Ein MALBUCH mit 66 heiteren Geschichten in Versform
ISBN: 978-3-8334-8037-9

Sokrates läßt Deutschland grüßen – damit Freiheit atmen kann
ISBN 978-3-8334-7988-5

Das große Kochbuch
Ein Menü für Juristen und verantwortungs-bewußte Staatsbürger
ISBN 978-3-8334-7987-8
Kurzfassung der Bande „Erlebnisse im Hotel I–VIII" in acht Kapiteln auf 526 Seiten mit den kompletten Vorworten und 327 Gedichten

Mir reicht's – Deutschland ade
ISBN 978-3-8334-7986-1

Bürger wacht auf!
Zum Obrigkeitsstaat
ISBN 978-3-8370-2276-6

Daß Liebe unser Leben durchdringt ...
ISBN 978-3-8334-7977-9

Für Dich
ISBN 978-3-8334-7975-5

Nur noch für Dich – Eine Liebeserklärung, Band I–III
Band I: ISBN 978-3-8334-7976-2
Band II: ISBN 978-3-8334-8769-9
Band III: ISBN 978-3-8334-7406-4

Anfang und Ende – Gedichte für einen geliebten Menschen
ISBN: 978-3-8334-8770-5

Für Dich – Eine Nachlese
ISBN: 978-3-8370-6224-3

Du lebst in mir.
Die Trauer eines vereinsamten Menschen
ISBN: 978-3-8391-9300-6

Widerstand den Affenärschen!
Grundgesetz ade
ISBN: 978-3-8391-5609-4

Die Glüh-Birne
Zur Warnung und Erleuchtung!
ISBN: 978-3-8391-5761-9

Schlaf, Bürger, schlaf
Dies Buch lies nicht, sei brav!
ISBN: 978-3-8423-0466-6

Armes Deutschland
Kritische Betrachtungen zur Rechtslage
der Nation und einiges mehr.
In Versform
ISBN: 978-3-8423-9549-7

„Kampfbereit" wie Bruder Jesus allezeit
Zu Guttenberg bewahr uns vor
Trittihnnesen, Gysi-tor! Die Verleumder
hier im Land mach ich weiterhin bekannt.
ISBN: 978-3-8448-7206-4

Nachruf für einen geliebten Menschen
Gedichte für Traueranzeigen
ISBN: 978-3-8448-4202-9

Im Stadium der Reife
ISBN: 978-3-8448-3382-9

Zur Lebensbegleitung
Eine Auswahl besinnlicher Gedichte als
Richtschnur für das Leben
ISBN: 978-3-7322-1842-4

„Ein Unrecht-Staat" mit „Nachruf"
für Hubertus Scheurer und weiteren
Gedichten
ISBN: 978-3-7322-2636-8

Himmelfahrten zu Gottvater als zweiter
Sohn und sein Berater
ISBN: 978-3-7322-1245-3

Die frivolen Geschichten mit König Alfred und seinem
Hanswurst
ISBN 978-3-7357-6710-3

Weiter auf der Hühnerleiter
ISBN 978-3-8334-8038-6

DEUTSCHE RICHTER
von damals bis heute
ISBN 978-3-7357-6915-2

Texte für Frieden und Freiheit
aus den Liedern von Gerd Knesel
ISBN 978-3-7386-6490-4